地球が天国になる話

斎藤一人

ロング新書

はじめに

この本は私の「地球が天国になる話」というCDをおこして本に作り上げたものです。

話言葉を一部直しただけでそのまま本にしてありますから、少し読みづらいかもしれませんが、お許しください。

いちばん話したかったことは、たった一つ。

「みんながみんなのことを尊重し、尊敬したとき、たちまち地球が天国になる」

ということです。

斎藤一人

目次

この問題に気がつくとすべての謎が解けます

親が子どもに劣等感を与えているんだよ

人が不幸になる最大の原因は劣等感

心の穴は「天国言葉」で埋めてください

自分を愛して自分を尊重すればいいんだよ

みんながみんなのことを尊重したとき、たちまち地球が天国になる

最後の神様

●地球が天国になる話

この問題に気がつくとすべての謎が解けます

劣等感の克服が人の修行

はい、おはようございます。今から、みんなが幸せになる話をします。これしか不幸から抜け出す道がないということで、この話をします。

非常に簡単な話なんですけど、わかってくれる人が少ないです。

百人に一人わかってくれればいいと思って話します。

だいぶ前から話してるんですけど、人は何度も生まれ変わるんです。

それから、親というものを自分で選ぶんです。

何のために親を選ぶのか、何のために人間は何回も生まれてくるのか。

それと、仕事には呼ばれるんです。親は自分で選びますけど、仕事というのは、その人にぴったりの職場に呼ばれます。

人は何でこんなに何度も生まれ変わり輪廻転生を繰り返すかというと、一つの修行があります。

その一つの修行というのが、実は劣等感の克服ということです。

いきなり劣等感と言われても何のことかわからないし、自分が劣等感を持っているとは思っていないのです。

この話の一番難しいところは、ほとんどの人は自分が劣等感を持っていることに気がついていないんです。

それと、また親のほうも劣等感を与えてるとは思っていないんです。両方が気がついていないから、実は人は苦しむんです。

そのことに気づくと、「あーあ、なんだ、そういうことか」ということがわかります。面白いんですけど、この問題はわかると大体の謎が解けちゃうんです。

だから、別にそんなにいろいろ解決しようとしなくて大丈夫なんです。わかればいいんです。

本当はこの話を聞くと、魂がわかります。

ものすごい簡単な話です。ばかばかしいほど簡単な話です。

人はなぜ劣等感を持つのでしょう

では今から、どういう形で人は劣等感を持つかということを話します。

まず、魂は親を選んで生まれてきます。

それで、例えばおとなしい子はおとなしい遺伝子のところを選んで入ります。それから、よくキレちゃう子というのは、キレやすいような遺伝子を選んで来ます。

そこでどんな修行をするんですかというと、実は親というのも非常に未熟な魂なんです。その未熟な魂で実は子どもを育てるんですけど、子どもは親が未熟だということがわからないんです。

親が未熟だということがわからないと、実は親は子どもにとって〝絶対〟だから、子どもの方は自分が未熟なんじゃないかと思ってしまうんです。

今から、どのような形で人は劣等感を持つかということを話します。

親の未熟さというのは、大体二通りパターンがあります。それは、単純にキレて暴力を振るう、酒を飲んで暴力を振るうとか、そういうパターンの親がいます。これは未熟過ぎますから、すごくよくわかります。

こういう親に育てられると、意外とですよ、これも大変なことなんだけど、暴力的な親って、人に話してもわかりやすいんです。けれど、大概の未熟な親は、こういうパターンは実はとらないんです。

未熟な親は自分の劣等感を子どもにぶつけてうさ晴らしをする

実はどういうふうなパターンをとるかというと、自分の劣等感をおまえのためだという形で出してくるんです。

まず、親が劣等感を持っていると、自分は世間や身内から、すごく不当に扱われていると思いだす。今、親の話をしてるんですよ。
そうすると、なぜか自分だけ損をしているような気持ちになって
イライラして悔しいような気持ちになってくるんです。だから、よ
くお酒を飲んでも、あいつが悪くてこいつが悪くてと、自分以外は
みんな悪いと思ってる人がいるんです。
それは、極端な劣等感があるんです。要するに、劣等感があると
自分はすごい損をしてると思っちゃうんです。非常にそれが悔しい
んです。なぜかそうなんです。これは親の親から受けた問題だから
仕方がないんです。
そういう劣等感をもった親が家に帰ってきて何をするかという
と、二つのことをやり出すんです。

一つは、例えばお父さんで、右上がりの奇麗な字を書く人がいるとしますね。

子どもが丸文字を書くと、そのことを異常に注意するんです。「これはおまえのためだから」と言ってるけど、実は丸文字を書いていても誰も困っていないんです。

それなのに異常に注意をしているというのは、必ず親に劣等感があるんです。劣等感があるから、そのことを一生懸命やってうさ晴らしをしているんです。

愛情という名の「うさ晴らし」をしてるんです。

自分の偉さを見せて威圧しているお母さん

それからもう一つ、こういううさ晴らしの仕方もあるんです。

例えば、子どもがピアノを始めたとします。男の子は空手を始めたとします。

そうすると、やってみたら自分に向かないことが子どもはわかったからやめたいのに、泣くほどやめたいのに、「やったことは最後までやってほしいのよ、最後までやってほしいのよ」と、ずーっと子どもに対して、ものすごい威圧をかけるんです。

「お母さんは内職してでもアルバイトしてでも、あんたの月謝出すからね」と言って。

お母さんは最後まで続けてほしいと言うけれど、子どもは嫌がっているんです。

最後っていつですか？　最後ってどこですか？　子どもが例えば、初段になったらやめてもいいよと、ゴールを示さないでずーっと最後までと言ってるのは、それは何なんですか、それは。

それって、自分の劣等感を人に晴らそうとしてるんだよね。子どもで晴らそうとしてるの。

お母さんは、自分がやったこと全部最後まで続いたんですか？

お父さんは最後まで続いたんですか？

この前、とんでもないテレビを見ました。そこに出ているお母さんが、自分の得意で好きなことをやってるのに、「この子に、私は最後まで頑張る姿を見せたい」だって。

あんた、自分が好きなことしてるんだよね。それがダンスの戦いだろうが、女相撲の戦いだろうが、自分の好きなことを一生懸命やってるんだよね。

子どもはそれが嫌なんだよ。それと一緒にして、お母さんの偉さを見せようとしてるんだよね。それで劣等感を晴らそうとしてるんだよね。

いい子にしているときだけ喜んで、気に入らないとブスブス文句を言う親

劣等感って、その親は親でまた持っていた。だから、自分の子どもに劣等感を与えないようにするの。

劣等感を与えない最高のことなのですが、運動会だろうが、何だろうが、学校でいい成績を取ると、喜んであげるけど、成績が下がるとあからさまに嫌な顔をするよね。

いい子にしてるときだけは喜んであげるけど、ちょっと気に入らないとブスブス文句言う親や、「私は何も言ってない」と言いながら、明らかに顔や態度で不満を表している親。それが子どもにもの

すごい劣等感を与えるの。

例えば、うつ病になっちゃってる子って、いい子なの。いい子なのに、親が「もっといい子」を望むの。親が「もっといい子、もっといい子」と望んでもできないの。

だって、四角が「もっと四角になれ、もっと四角になれ」とか、丸いのに「もっと完全に丸になれ」と言ってるのと同じで、もう丸になってるんだからいい子なの。

だって、その子が暴れるような子で、暴走族になるような子だったら、言うこと聞かないよ。

いい子なんだから、「いい子だね」って言ってあげればいいのに、もっともっと親が望むの。

親が子どもに劣等感を与えているんだよ

子どもは、人が喜ぶことを常にしていないと自分は無価値だと思ってしまう

人生って、少し上を望んで何か挑戦するってすごく楽しいことなの。子どもが自分で自発的に「絵だってもっとうまくなりたい」「ピアノだってうまくなりたい」って言うなら楽しいの。

子どもの速度を超えて、もっと望むの、もっと。それで行かないとすごいがっかりした顔をするの。

それを、あたかも親は「あんたのことをかわいがっているからだよ」みたいなことを言うの。

それが子どもにものすごい劣等感を与えるの。

要するに劣等感を与えられると、今度その子どもは子どものほうで、自分に対して「自分はいい子だったり、そういうとき以外はかわいがられないんだ」と思ってしまう。おとなしい子のパターンだよ。

劣等感をうんと与えられて育ったおとなしい子というのは、「お母さんは自分がいいことをしたときは喜んでくれる。気に入らないことをすると怒る。ということは、自分は何か常にいいことをしていないといけないんだ」という状態になってくるの。

親は勝手に、自分の劣等感を補うために子どもをしかっているような ものなの。自分に劣等感があるというのをよく知らないんだよ。

だから子どもにそういうことをすると、やられた子どものほうは 自分は無価値だと思っちゃうの。それで、自分に価値を見いだすた めには一つのことをしなければいけないんだ、と思っちゃう。

それは人が喜ぶことを常にしていないと、自分は無価値だと思っ てしまうから（全員とは言わないよ）、意外とそういう元気のない 子に「あなた、何やりたいの？」ってきくと、「自分はボランティ アとか福祉をしたい」って言うの。

それは何かいいことをしなければ、自分は価値がないと思っている。だから、おとなしい子というのは、そういうボランティアとかしたがる。ボランティアをやっている人が全員そうだというんではないよ。だけどそういう人がいるの。

それで、必ずそういう人の特徴というのは楽しそうにやっていないの、見るからに。

だって本当にやりたいことをやっていると楽しそうなのね。だけど自分のコンプレックスを補うためにボランティアをやっている人というのは、本当はやりたいわけではないから、「やりたいの」って言いながらなかなかやらないの。

子どもは親に元気の気を奪いとられ無気力になる

本当にボランティアをやったとすると今度どうなるかというと、実はそんなことで劣等感は補えないから、今度やらない人に対して「あの人たちは何でやらないんだろう」って、不平不満をぶつけ出す。だって、自分はやりたくてやっているんではないんだもん。「やりたくないのに私はやってるんだ。だから何であなたたちはやらないんだ」っていう理論になってくる。

それで親に与えられたり、もちろん「私は親がいませんでした」と言っても、人のうちに預けられてそこのところでいじめられたりすると、人って劣等感を持つんだよ。親だけの問題ではないよ。育ててくれた人の話をしているの。

そうすると自分は無価値な人間なんだ、って思ってしまう。劣等感があっておとなしい人というのはうつ病になったりする。だっていい子なんだもん。

いい子なのに「もっといい子になれ、もっといい子になれ」って。すると息苦しくなっちゃうんだよ。

それで暴れられればいいけど、暴れられないと毎日親に愛という名の暴力を振るわれているのと同じなんだよ。あれを振るわれると、だんだん元気の気を取られちゃうの。何で無気力になっちゃったのって、誰か奪った人がいるの。

劣等感があっておとなしい子を、劣等感のある攻撃的なやつがいじめる

そうすると、またそういうおとなしい子だから学校に行ってもいじめられるの。

いじめる方も、劣等感を持っている。

劣等感があっておとなしい子を、劣等感のある攻撃的なやつがいじめるんだよ。

会社でも、おとなしい子はうつ病になったりするんだけど、全員が劣等感があるんじゃないんだよ。

今度社会に出てくると、自分の劣等感を攻撃的な人間は埋めよう

とするの。

でも、世の中にはそんな劣等感のない人間もいるの。本当に優しい人間もいるの。そういう人は優しいし能力もあるから出世する。すごく人望がある。

するとそれを見ながら「自分も同じ地位に上がれば、ああいうふうにみんなから尊敬されるんだ」と思う。

ところが劣等感のある人間は根本的に自分が嫌いなの。自分が嫌いなんだから人に好かれるわけないの。

「自分だってあんたのこと嫌いなんでしょう。自分が嫌いなんだったら人だってあんたのこと嫌いだよ」という話になるんだよね。

だから、そうなってくるとその人間は、今度出世をしても誰も尊敬してくれないから、よけい劣等感がわいてくるの。その結果二つの行動を取る。

一つは、会社で弱そうなやつを見つけて、そいつを的に掛けてずっと怒るの。叱るという名の「うさ晴らし」をし始めるの。だって普通にただ教えるか指導すればいいのに、それをねちねちずっとやるということは、自分の劣等感をそいつで晴らそうとしてるの。

自分が親から受けてきた劣等感が原因だと気づいていない親

偉くなれない人はどうなるかというと、家に帰ってきて奥さんの箸の上げ下ろしとか、ぞうきんの置き方に対してまでねちねち言うか、子どもに対してずっとねちねち言ったりしているの。それで気がついてないの。自分が親から受けてきた劣等感でそうなっているということに気がついてないの。

このことに気がつくために、人は何度も何度も生まれてくるの。

私のお弟子さんでみっちゃん先生という人がいます。みっちゃん先生はイヌとかネコが大好きだからすごくかわいがる。「かわいい、かわいい」って言うの。

「ネコって、すごいかわいいよね」って言う。

「それは違うよ。みっちゃんがネコをかわいいと思う気持ちを持っているの。だからネコをかわいがるの。だけどネコが嫌いな人から見たらゾッとするほど嫌いなんだよ」ってね。

ネコの問題ではないんだよ。あなたが劣等感を持ったのは親が未熟なの。

親が、子どもが劣等感を持つ程度にしか育てられなかったの。でもはっきり言うけど、そういうところへ生まれた子も自分が親になったら同じことをする子なの。だから別にあなたは被害者ではないんだよ。

どこかで誰かが気づけばいい。

劣等感を持っている人は、自分が劣等感を持っているのがバレるのが一番嫌なの

それから上司で、のべつ怒鳴ってたり、怒ってる人っているよね。「ああ、嫌だな。俺は何でまた怒られるんだろう」ではなくて、怒っている人に、「この人は相当劣等感がある人なんだ、気の毒な人なんだな」という顔で見ててみな。怒る人もやめちゃうの。だってバレているんだもん。劣等感を持っている人というのは、自分が劣等感を持っているということがバレるのが一番嫌なの。

だからもっと自分より弱そうな人を探して怒ってるの。

お父さんが帰ってきて、箸の上げ下ろしから「俺は疲れて帰ってきてるのに、こんなおまえの態度じゃしょうがない。俺は家庭を大事にしてるんだよ。大事にしてるんだよ」ってふりをするときに、「あんた、何でそんな劣等感持っちゃったの」って言ってみな。

一発で直っちゃうの。

だって見抜かれているんだもん。

あなたが劣等感を持ったのは、あなたのせいじゃない

周りが未熟なんだ

どこかであなたに劣等感を植えつけた人がいるの。

「それは何ですか、どんなふうにして劣等感を植えつけたんですか」というと、暴力とかそういうわかりやすいのは少ないの。

それより親の「がっかりした顔」なの。がっかりしてから立ち直ったように、「でも大丈夫よ、お母さんがついてるから」って。

そのがっかりした顔が傷つけるの。それで傷ついてきたの。だから、うっかりいい子になっちゃうと、最初から成績がずっと悪かった子とかというのは意外と親も期待していないんだけど、ちょっと昔勉強ができたとか成績が良かった、というほうが落ち込みが激しいのね。

期待してあげることが愛だと思っている。でも愛とはそういうものじゃない。

「あなたが運動会で一着になろうがペケだろうが、お母さんはあなたのことが大好きだから、関係ないから。

学校の成績が一番だろうがペケだろうが、私にとっては世界で一番かけがえのない子だから。

私にとってはそんな細かいことは関係ないんだ。神様があなたを授けてくれただけで私は最高だから」と。

これが愛なの。

それを「うちの子はいい子なのよ、うちの子は何なのよ、かんなのよ」と、いい子のときしかほめない。

だから、あなたが劣等感を持ったのは、あなたのせいじゃないんだよ。周りが未熟なの。

どこかで誰かがこれに気づけばいいの。

人が楽しんでいたら「良かったね」って言えればいいんだよ

それで未熟な人というのは、例えば夫婦、恋人同士でもそうなの。自分以外の世界で奥さんが楽しい思いをしてくるとすると、劣等感のない人は「友達とここへ行って、それでカラオケに行って楽しかったの」と言ったら「ああ、良かったね」と言う。

ところが劣等感を持っているダンナは、なぜか「俺のいないところで、どうやって楽しんだんだ」とそのことをすごく嫌がって怒る。だから、PTAで酒を飲みに行こうが、カラオケを歌ってすごく楽しくても、帰ってきたときに楽しくないふりをしなきゃいけない。

例えば「もう嫌になっちゃう。私、あんなのは二度と行きたくないのよ。つらかったのよ」と言わないと喜ばない。

そうすると、そんなことを長く続けたらくたびれちゃうから、もう別れちゃおうとなる。でも、別れられたダンナは、なぜか気がつかないの。

奥さんでもいる。「あなたばかり楽しくていいわね」とか。

人が楽しかったのを「良かったね」と言えばいいのに、それを言えない雰囲気をつくる。

それは何でですかといったら、あなたの中に劣等感があるの。

劣等感をやめようよ

だから、お父さんとか親で劣等感のある人の特徴というのは、愛という名の暴力を振るう。そういう人というのは、獲物を逃がしたくない。

子どもは獲物なの。気がついていないけれど、そうなの。そうすると、子どものことをねちねちと「もっとしっかりしましょうね」とか「お母さんがついているからね」とか要するに重圧をかける。かといってこの獲物を逃がしたくない。だから、子どもが自立しようとか独立しようとかというと、邪魔をしたり、適当に困る程度、要するに与え過ぎると逃げていっちゃうから、逃げない程度のお金をあげるとか、それでねちねちとずっとやっている。

女の人は最後の最後、逃げ道は二つしかない。病気になるか男をつくって逃げ出すかだ。

なぜか、男をつくって逃げ出したときというのは、その男というのも劣等感の固まりみたいなやつと、必ずというぐらい一緒になる。

だからこれは、人は劣等感を持っているんだということ。

劣等感をやめよう。

自分はどんな劣等感を受けてきたんだろう。

この劣等感を与える方法は巧妙に隠されているの。

因果を断ち切ればいいんだよ

お母さんも自分の親にやられてきたんだよ

だから、このCDは自分の人生最後のCDぐらいのつもりで一生懸命入れているんだけど、ものすごく難しいんだよ。

だってその人が幸せじゃなくて落ち込んでいるんだとしたら、あなたが悪いと思わせるような周り、特に親とか育てた人は「あなたのためよ」とうまい具合に言いながら劣等感を与えているんだよ。

だって、本当に周りがあなたのためを考えていたら、あなたは今幸せなはずなんだよ。それが幸せじゃないというのは、親のほうも子どもから気力を奪っているということに気がついていないんだよ。

それで、なぜお母さんがそうなったかというと、自分の親にやられてきたんだよ。だから、悪いとも何とも思っていないんだ。

本当にあなたのためだと思っているから、わかりづらいんだよ。

でも、本当にあなたのことだけを考えてくれている人が何人もいるのに、なぜあなたは不幸なの。おかしいよね。

会社の部長も「おまえのためだ」と言って怒っている。だけど、おとなしく言ったってわかるよね。人前で怒らないで、「ちょっとちょっと」と陰に呼んで言えばいい。

本当にかわいがっている人にそんな恥をかかせることをするか

い。あなたに本当は「うさ晴らし」をしているんだよ。誰かが気がつけばいいんだよ。

「そういう親の元に生まれてきたんだから、お母さんも大変だったね。よっぽど劣等感を持って生まれたんだ。どんな親だったの?」

と一回聞いてみたら、絶対に同じようなことをされているんだよ。

因果を断ち切るというのは、そのお母さんのお母さんはそれをまたやられていた、ずっとなんだよ。どこかでこれを断ち切ればいいんだよ。

人に劣等感を与えないように気をつけなよ

人が劣等感を覚えるようなことをしないことなの。

一人さんの話をみんなが聞いて喜んでくれるのは、肩の荷が軽くなるからなんだよ。

人に劣等感与えないように気をつけなよ。

一人さんなんか中学しか行っていないから、学校の話をバンバンしたっていいんだよ。だって、中学校しか出ていない人がいくら学歴の話をしたって誰も傷つかないんだよ。

だけど、一人さんがいい大学かなんかに行っていて「おたくの学歴は？」と聞いたときに、相手が高校しか行っていない、中学しか行っていない人だったら傷つく人もいるんだよ。

人間の言葉の中で一番大切なのは、相手にどうしたら劣等感を与えないかなの。

だから、くだらない話をしちゃ駄目だよ。

明らかにそういうサークルかなんかで、六大学の集まりとかというときはいくら話したっていいよ。じゃなかったら、人を傷つけるようなことは言わないの。

ところが、自分に劣等感がある人間は人を傷つけるだけじゃなくて、「俺が偉いんだ」と言いたいんだよ。

だから、劣等感を持った者が出世すると、出世したから人は自分を尊敬してくれると思うけど誰も尊敬しない。だから、今度は飲み屋だとかいろいろな所へ行って威張るんだよ。

ひどいのになると、自分が偉いところを見せたいために部下を連れていって、人の前で部下に偉ぶって「はい、はい」とかと言わせて、それで「俺は部下にごちそうしているんだから喜ばれている」というつもりでいるんだけど、そんなことをされて喜ぶ人はいないだろう。

そんなことも気づかないほど未熟なんだよ。

どこかで誰かがこんなばかばかしいゲームはやめようよ。

よくクラブ活動やなんかで、先輩にめちゃくちゃいじめられて被害者のつもりでいるけど、被害者じゃない。上になると自分もやるんだもん。

闘うことないの。気づいてあげればいいの

心の中に劣等感のない人間は、劣等感のある人達のところに行ったときには逃げようと思う。

ところが劣等感のある人間というのは、劣等感のある上の人たちが来ると、この人たちに好かれようとする、合わせようとする。そして、その「うさ晴らし」を今度は下にやるの。

それで心のエネルギーの均衡を保っているんだけど、下の人間が言うことを聞かないとヒステリーになるか脳に障害を起こしたりす

る。

だから、結構よくある例が、お母さんが口うるさくて「はい、はい」といい子で育っちゃう。自分が弱いからやられていたから、今度は嫁が来ると小姑としてその嫁をいじめる。いじめているうちは精神は普通なの。

ところが嫁さんのほうがもっと魂が上で「お姉さん、どうしたんですか。何があってそんなにイライラしているんですか」とかと諭されたりなんかすると、キーッってヒステリーが出てくる。だって、唯一のはけ口がお嫁さんだったんだもん。

だけどその人もやめればいいの。お母さんもやめればいいの。闘うことないの。気づいてあげればいいの。あなたにガミガミ言ってる親とか、愛情という暴力を振るってる親とかはコンプレックスがあるの。劣等感なんだよ。自分とは関係ないの。

親も学校の先生も未熟だったの

「自分とは関係ないって何ですか」と言ったとき、「親がこういうふうに言ったから自分は劣等感を持っている」と思えるけど、それは親が未熟なの。

その他の例で、「実は、学校の先生に落ち込むようなことを言われたんです。だから自分はこうやって落ち込んでいるんです」と言う人がいるけど、学校の先生なのにそういうことを言うこと自体が未熟なの。

だって、生徒にやる気を出させることが先生の仕事なのに、生徒がやる気がなくなっちゃうようなことを発言すること自体、先生が未熟なの。

だから、自分がコンプレックスを小さい時に持ったということは、育て方がおかしいの。

自分が持つのをやめるの。劣等感を持つのをやめて、人にもやらない。それで終わりなの。

周りや親がそういうことを言い始めたら、「お母さん、なんでそんなに劣等感を持ってるの？」って聞く。そしたら必ず「そんなもの持ってないわよ」って言うけど、持ってる。

一生懸命やってても好かれない人、うまくいかない人は、自分が楽しそうにやってるかどうか考えてみて

劣等感を持ったまま何かをやると、やりたくないの。

さっきのあのボランティアも、心からやってる人は楽しそうなの。暗そうにやってる人は本当はやりたくないの。

子どもを一生懸命に育ててる人もいる。

「私は会社で同僚やなんかに一生懸命尽くしているのに、なぜか好かれない」人っている。そういう人って楽しそうじゃないから。

心から周りの人の仕事を手伝ってやりたかったら、必ず楽しそうにやってるんだよ。でも、そういう人って苦痛そうにやるんだよ。

だから、子どもを一生懸命育てているのに、子どもに暴力を振るわれたり殴られたりする人っているのね。特徴があるの。

それは、そういう親はすごく劣等感がありながら、自分はお母さんとしていいお母さんになってやらなきゃいけないと思って、義務でやってる。だから顔に楽しさが出てないの。

すると、心とやってることがちぐはぐなの。それを見ていると周りは絶対イライラする。子どももやなんかはワーッと暴れ出して、親のことをバカバカっとやっちゃうの。何でだかわからない。

もし一生懸命やってても好かれない人、一生懸命やっててうまくいかない人は、楽しそうにやってるかどうか考えてみて。

劣等感があると楽しそうにできないの。

人が不幸になる最大の原因は劣等感

子どもってものすごく繊細なんだよ、嘘つけないいんだよ

この話をなんでこんなに長くしなきゃいけないかというと、劣等感を与えてるほうがそれを愛だと思ってるから。

だから「不幸は勘違いから始まる」、それから「足りるを知る」とかいろんなCDを入れてるけど、究極的にはこの話になっちゃうの。

この話は、もっともっとわかりやすく話さなきゃいけないと思っ

てるんだけど、本当に今の段階ではこれが限界ぐらいなの。

親も勘違いして気がつかないの。

人が不幸になる最大の原因は劣等感なんだよ。だから子どもに過剰な期待とかしちゃ駄目なんだよ。

ちょっとがっかりしたような顔をされる。学校の通信簿を見て「なんだ、下がったね」と言われただけで、どのぐらい子どもが傷つくかわかってないんだ。

ものすごい繊細なんだよ、子どもって。あめ細工とかガラス細工みたいにピンとやったら割れちゃうんだよ。

だからそういうことってしちゃ駄目なの。

「私、言ったことないもん、そんなこと」って言ってる人がいる。

成績を見て「あ、下がっちゃたね」と言って、がっかりした顔をしてから、「でもお母さんそんなの気にしていない」と言ってるの。もう子どもって嘘つけないんだよ、神に近いんだよ。親が何を思ってるかわかるんだよ。それをやられてきたんだ。今苦しんでいるあなたはそれをやられてきたんだよ。

だから「もうそれを、やめな」って言うの。

また、なんでやられてきたかというと、あなたも親になったらやるんだよ。どこかで断ち切らなかったらずーっと不幸が続くんだよ。

「いつも自分をほめてて欲しい、見てて欲しい」なんて、劣等感のない人は言わないよ

劣等感のある親って、自分が帰ってきた時に喜んだ顔をしなきゃいけないとか、もう常に自分を賞賛していてくれないと嫌なの。

家族はずーっと賞賛しなきゃいけないの。「お父さんは偉いんだよね」といつも機嫌を取らせてる。それで、自分はそれで気持ちいいからいい家庭だと思ってるの。

だから、もし突如として奥さんがヒステリーになったりノイローゼになったり気が狂ったりしたら、自分を賞賛させてなかったかどうか考えな。

「いつも自分をほめてて欲しい」とか、「いつも自分を見てて欲しい」とか、劣等感のない人は普通はそんなこと言わないよ。

言ってるとしたら、あなたは子どもの時からずーっと劣等感の塊なんだよ。

なかには劣等感をもったまま出世しちゃう人っているんだよ。「あんなに出世してるのに」とか言って、知らない人は、出世した人は劣等感がないと思っているけど、劣等感は出世では消えないんだよ。

よく夫婦で、いつもいつも一緒にいるという夫婦がいるんだよ。だから他人は仲がいいと思ってるんだよ。

いつもだんなのことをほめてると「いい奥さんだね」って言われ

るけど、いつもいつもだんなのことをほめていたいですかって。

たまには夫婦、別の所に行きたい時もあるでしょう？

よっぽど厳しい親に育てられたか、よっぽど劣等感があると、奥さんとか子どもにそれを望むんだよ。

「本当にいい奥さんなのに突如として気が狂っちゃって」って、そんなに愛に包まれてて、おかしくなるかい？

それは医学上はなることもあるのかもわからないよ。でもその前に、自由にさせてたかい？　人と楽しいことがあったら「楽しかったね」とか「よかったな」とか、「また行っておいでよ」って言ってたかい？

なぜそれを言えないんだい？

自分には劣等感があるんじゃないか、育てられてきた時の劣等感があるんじゃないか。

幸せの絶頂ならいいよ。もし不幸な人がいたら、それを思ってください。

もし自分が不幸なら、自分の中に劣等感があるんじゃないか考えてください

劣等感は出世では解決できないの。いくら家の人がチヤホヤしても解決できないの、心の中にあるから。

だから、いくら飲み屋やなんかへ行ってお金を使っても、その時

はチヤホヤされても嫌われてるのを知ってるの。だから帰りにはガクっとして寂しくなって帰ってくるの。

自分の中に劣等感があるんじゃないかということを、一回考えてくださいい、もし不幸ならね。ただ幸せならそれがないだけなの。

男の子でも、兄弟に親がハイハイと物をあげると、ただ近くにいたからあげただけなのに、「なんで弟のほうに先にあげるんだろう」とか「俺は差別されてるんじゃないか」とかって思うけど、あなたの親はそんなこと考えていないの。

親がイライラしていると子どもをつっけんどんに扱ったりする。そのときは怒りやすいから怒ってるだけなの。

子どものほうは「なんで俺なんだ」と思う。弟がかわいいいんじゃないかとか兄貴がかわいいんじゃないかと思うけど、そんなことすら考えていないの。

あなたの親はただ思いつきでやってるだけなの。ただそれだけなんだよ。だから劣等感を持つほどの問題じゃないいんだよ。

何回生まれても、この劣等感を持ったまま幸せになることはできないの

この劣等感という呪縛からどうやったら解き放されるのか。

気がつけばいいんだ。「ああ、ただそうなんだ。自分は未熟な親を選んで生まれてきてる」と。

それで、この劣等感をなくす、やめる。

これが今世の修行なの。何回生まれても、最終的にこの劣等感を持ったまま幸せになることはできないの。

できるだけ人に劣等感を与えない。それができるようになるのが、今世の修行なの。できるようになるまで何回でも起きる。

人には劣等感があるんだ。全員じゃないよ、うまくいっていない人、いつも怒ってる人、威張ってる人。ふんぞりかえって、政治家なんかで「俺はこんなに偉いんだ」とかってやってる人とかいるよね。

「私のことは神様が認めてくれているんだ」そう思えばいいの

なんでそこまで威張るんだという人を見たとき、この人は劣等感があるんだ、小さい時によっぽど劣等感のある育てられ方をしたんだ、と思いな。

そして、その劣等感が外に攻撃的になったり、逆に自分を攻撃したときに、うつ病になったり、部屋から出られなくなったりするの。

原因は、攻撃的なやつが劣等感を持ったか、攻撃的じゃない優しいやつが劣等感を持ったかで、起きる行動が違ってくるの。

ただそれだけなの。

原因は劣等感なんだと。根拠のない劣等感なの。

劣等感のある人は、人に認められようと努力をいっぱいするけど、よしな。

あなたのことは神様が認めているんだから。神が認めているからあなたを地球に生ませたの。

だから、神が認めているんだから、周りの人間が何を言ったって関係ない。「私のことは神様が認めてくれているんだ」、そう思えばいいの。

長くなりましたけど、一応、終わります。

「この人が劣等感から救われて、幸せになりますように」と念じてください

劣等感のある人を見抜く方法

はい。追伸です。

今、「劣等感のある人はどんなタイプなんですか」「自分たちも見抜ける方法がありますか」と聞かれたので、見抜ける方法を教えます。

それと見抜けたら、今度は、「じゃあ、そこからどうしたら逃れ

ることができますか」という質問もありますから、それに対して答えます。

まずは、劣等感のある人を見抜く方法です。

これはものすごい簡単ですから、誰でもわかります。

まず、職場で想像してください。

やたらに怒っている人がいます。それは、子どもの時よっぽど劣等感を受けています。いつも劣等感でイライラしています。劣等感のある人というのは常にイライラしていますから、そのイライラを晴らすために、いつもでかい声を出して怒鳴っています。

こんなことでおっきい声出さなくたって、普通に言えばわかるじゃないかというのに、でかい声を出している人は劣等感があります。イライラがあります。劣等感はイライラとセットなんです。いいですか。それが攻撃型タイプなんです。攻撃型劣等感タイプなんです。

それともう一つ、内向型イライラタイプがあります。内向型イライラタイプというのは、イライラは同じです。ところが、内向型ですから怒鳴ることはできません。その代わり、相手のことをうじうじうじうじうじ、「お前、これじゃ駄目じゃないか、お前のためにこうやって言ってやっている。お前、何回言わせるんだよ」とか、「俺は、お前が憎くて言っているんじゃないんだよ」とか、話が長いです。

だから、片っぽは、ガーッとでかいです。でかい声出す必要がないのに、でかいです。

片っぽは、ねちねち。あんなに長くやらなくていいのに長いです。だって、一分で済む話を、十分もしています。これは、両方とも劣等感なんだということです。もちろん、家庭でもそうですよ。家庭に帰ってきて、怒鳴っているお父さんとか、ねちねちねちねち、子どものことでずっとお説教しているお母さんは、子どもの時の劣等感です。

だから、必ずタイプ的に分けると、攻撃型のガーッとうるさい怒鳴るタイプ、それとも、ねちねちねちねち言うタイプ、内向型、劣等感の人がいます。

中には、怒鳴った上に長いとかという、ものすごい人もいます。こういう人はものすごい劣等感を持っています。だから、その人の育った環境を聞くと、これじゃ劣等感を受けちゃうよな、というような育ち方をしています。

でも、人を怒鳴ることでは晴れませんよ。

やられている人はどうしたらいいでしょう

では、今からそういう人と会ってしまった場合のこと。最悪の場合、会っちゃうこともあります。そういうのを上司に持っちゃう場合もあります。自分が的を掛けられてやられちゃうときもあります。

では、やられている人はどうしたらいいでしょう。

見抜いてください。「この人は私を怒鳴っているけど、私のためでも何でもない」と。「ただ、劣等感なんだ」と。

でも「あなた、劣等感ありますよね」と、上役には言えません。言えなくてもいいです。呼ばれる前から、もう朝とかに、

「○○部長が劣等感から救われて、早く幸せになりますように」と会社に入る前に、ひとつ心の中で念じてから入ってください。

だんだんだんだんだん変わってきます。

なぜかというと、劣等感を持っている人は、劣等感だということを見抜かれると、もうばれちゃっているからできないんです。

それと同じように、家に帰ってきて怒鳴るおやじさんがいたら、

もう、よほど劣等感を受けてきたんだから、

「この人は早く劣等感から抜け出して幸せになりますように」

って念じてください。

それと、自分のことも、子どもにねちねちねちねちねちゃってるんだとしたら、

「私、劣等感なんだ」

と、気がついてください。

たったそれだけで、このパターンがわかる。そして、対処の仕方がわかる。

これだけで人は、ばら色の人生を送れますよ。

以上です。

あなたの中の悪徳裁判官と縁を切ってください

子どものとき受けた劣等感を大人までひきずってしまうのは悪徳裁判官のせい

はい。すいません。いくつか質問が来ているので、それに答えたいと思います。

一番多い質問が、「劣等感が、子どものとき受けたものであることがわかったけど、それをなぜ大人まで引きずってしまうんですか」そして「なぜ、そこから抜けられないんですか」という質問。

もう一つ、「自分が劣等感をもっているとわかったんだけど、その後、どうしたらいいんですか。どうしたら救われるんですか」という質問が来ているので、それに答えたいと思います。

まず、この話を聞いてもらわないとわからないと思うんですけれど、実は「悪徳裁判官」がいます。

この「悪徳裁判官」というのは何ですかというと、たとえばあなたが罪を犯しました。極端な話だけど、あなたは人を殺してしまいました。そしたら、十年の刑を受けました。それで、あなたは罪を償って出てきました。そうしたら、また捕まってしまいました。

それで、またもう一回、十年刑期、もう一回入れられました。また出てきました。

そうしたら、また捕まってしまいました。前の罪で何回も何回も捕まってしまいました。

それはおかしいですよね。罪を償って出てきたのにね。

それが実は「悪徳裁判官」なんです。

劣等感を何度も何度も繰り返して嫌な気分にさせているのは、自分の中にいる「悪徳裁判官」

それは何ですかというと、人によって、例えば小さいときに成績が悪くて親にがっかりした顔をされます。そのことを思い出すと、あなたの心の中にいる悪徳裁判官は、またそのときと同じぐらいの嫌な気持ちにさせます。それが、何年も何年も続きます。

その子は、親に一回嫌な顔をされた時点で、もう十分罪は償っているんです。

だって、嫌な思いをしているでしょう。

また、中には自分の家が貧しくて、給食代が免除されていたとかいう人もいるんです。そのときにもう、その人は嫌な思いしているんです。なのに何回も何回も思い出させては、嫌な気分にさせる。

そういう悪徳裁判官が実はあなたの中にいるんです。

だから、一番最初に傷つけたのは、劣等感を与えたのは「親」かもしれないんです。

でも、その劣等感を何度も何度も繰り返して、嫌な気分にさせているのは、自分の中にいる「悪徳裁判官」なんです。

この悪徳裁判官は自分のことだけでなく、人のこともいろいろ序列をつけたりするんだよ

この「悪徳裁判官」は自分にもやります。

でも、人にもやります。

他の人のことを判断して、いちいち序列を付けたり、それからひどい裁判官になると、あそこん家のお兄さんは人殺しなのよ、なんて。本当は同じ境遇で育ったのに、兄が人殺しをするような家庭でも、妹とか弟は真面目に生きているんだとしたら、賞賛されるべき

なんだよね。

あの環境でも悪いことをしないで育ったんだ、立派な子だね、と言ってあげるのが本当の正しい裁判官だよね。

それを間違って、その子は何もしていないのに、あの家の親戚に悪いのがいるとか、親戚がどうだとか、兄弟がどうだとか、その子の罪じゃないことにまで罪を着せたりする悪徳裁判官がいるんだよね。

その悪徳裁判官があなたを苦しめているんだ。

あなたは一番最初は無実の罪だった

もう一つ言うよ。

あなたは「小さいときに家が貧しかった」それから、あなたは「小さいときに親に虐待された」「親ががっかりした顔をした」「はあ、成績下がっちゃったね」と、これで傷ついたとするよね。

だけど、家が貧しかったのはあなたの罪ですか。

それから、成績が落ちちゃうことだってあるよね。それなのに、あからさまにがっかりしたりする。それは親が未熟なんであって、本当は子どもの罪じゃないよね。

ということは、一番最初の、あなたが傷ついたその劣等感は「無実の罪」なんだよ。

一番最初は無実の罪なのに、そのことを思い出してまたがっかりする。人間っていろいろなことをするよね。うまくいく時もあるし、うまくいかない時もあるよね。

うまくいかない時は「ああ、これじゃ駄目だったから、次はこうしよう。次は、こうしよう」ということだよね。

ただ、そのことで経験を積むだけだよね。「ああ、いい経験した。こうやっちゃ駄目なんだ、だから自分はこうやろう」と。

いい経験をしただけなのに、劣等感を与えられると、だんだんだんだん萎縮する。

だって、世の中って最初からうまくいくことなんてないんだよね。それが二〜三回やったらもう駄目になっちゃう。それって、小さいときに一回何かをやって、失敗したら、「何だ、お前」と先生に怒られたとか、親に怒られた。一回目から怒られる。

だから、失敗すれば怒られるんだという頭になっちゃったんだよね。

でも、最初からうまくいかないでしょうって。だんだんうまくなるんでしょうって。それをちょっと失敗するたびに怒った親が未熟なんで、あなたに罪はないんだよ。

だから、あなたが劣等感を最初に持ってしまった一つ目は、あなたは無実の罪なんだ。

その無実の罪を与えた親もいけないけど、それを思い出すたびに、私ってこういう人間なの、私って駄目なのと、何度も何度も同じ罪を与える悪徳裁判官からお別れしてください。

自分の心の中からそういう悪徳裁判官が出てきたら、断固として「私の罪は償ったし、もっと言わせてもらうと、一番最初の罪は私の罪じゃございません。やめてください。もうあなたとは縁を切ります」と、縁を切ってください。

心の穴は「天国言葉」で埋めてください

言霊《ことだま》の力で見事に治ります

「その後、人ってどうしたらいいでしょう」という質問なんです。劣等感からもお別れしました。悪徳裁判官ともお別れしました。

そうしたら、実は心の中に、その分ぽっかり穴が開くんです。開けたままにしておくと、また昔と同じように悪徳裁判官がそこに住み着いちゃうんです。

そこで一番肝心なことなんです。

そのときに自分の心を埋める方法は、一つしかないです。いろいろな方法を試す人がいるけど、この一つしかないんです。

簡単ですからね。

「天国言葉」言霊《ことだま》の力を利用してください。それでその言霊を、私が今から言いますからね。

「愛してます。ついてる。うれしい。楽しい。感謝してます。幸せ。ありがとう。許します」

これを呪文のように何回も唱えてください。

誰かに「ありがとう」とか、「感謝しています」とか、「ついてるね」とか言うということは後にしてください。

それより心の中が空いているんですから、一日何回も何回も言って、心の穴をふさいでください。心がいっぱいになれば人に言えるようになります。あふれるほどいっぱいになったら、あふれ出るんです。

それをあふれ出る前に、「さあ、言いましょう」とか言っても、人ってなかなかできないんです。

いいですか。

「愛してます。ついてる。うれしい。楽しい。感謝してます。幸せ。ありがとう。許します」

この言葉を何回も何回も呪文のように唱えてください。

この言霊の力で見事に治ります。それで幸せになります。
二度と悪徳裁判官が住み着くこともないのです。
それから、あなたに劣等感を与えることもないのです。このこと
だけをやり続けてください。
以上で終わります。

でも幸せになれないというあなた。劣等感を与え続けられている人に依存していませんか

はい。「劣等感」の話もいよいよ後半に入ってきました。
劣等感の話を聞いて、その後、悪徳裁判官の話も聞いてくれたと

思います。これで終わりじゃないんです、この話は。

実は、悪徳裁判官の話はわからなかったら、何回も何回も聞いてください。そうすると、必ず一回ずつ理解度が深まってくると思います。本当にあなたのためになる話だと思います。

ただ、中に「劣等感の話を聞きました、悪徳裁判官の話も聞きました、天国言葉も言っています。でも、私は幸せになれないんです。何か心が満たされないんです」そういう方が出てきます。

そういう人が出てきたら、どうしたらいいのかということなんですが、普通の人は、「あんた、ちゃんと天国言葉言っている?」とか、「何回も言ってるかい?」とか、そういうことを聞いちゃうんですけど、これを聞いても幸せになれない人は、九九%はたった一つの理由しかないです。

それはあなたに劣等感を今でも与え続けている人、例えば親とか、上司とか、そういう環境があります。そういう、あなたに劣等感を与え続けている人と、実は一緒に生活している人です。

例えばその人に依存している人。

あなたに劣等感を与えるようなこと、「本当にお前みたいな、ばか嫁はいない」とかというダンナさんや、ねちねちねちねち、自分が劣等感を持っていて、ねちねちねちねち、箸の上げ下ろしまで言うようなダンナさんと別れられない人。生活で依存しちゃってる人がいるんです。そういう人は、何を聞いても幸せになれないんです。

だから、「本当に天国言葉、言っている?」とか言うより、「あなた、誰と一緒に生活している？」とか、「会社にいる人、どんな人だい？」と聞いたほうがいいです。

「人間として一番つらいことって何ですか」といったら、あなたに劣等感を与え続けている人と離れられないということなんです。

本当はあなたを虐待しているのは、あなたなんです

「なぜ、それから離れられないんですか」というと、そういう人は精神的にあなたを虐待しています。ところが、本当の悪者は実はあなたなんです。

なぜかというと、あなたは自分のことをもっと低い人間だと思っているんです。

いいですか。あなたは、「もう自分はだらしがない人間で、何て言われようと、ここから出て行ったら、食べていけないんだ」とか、自分というものをすごく虐待しているんです。あなたがあなたを百、虐待しているとします。

そうすると、普通の人が九十虐待しても、あなたはそれに耐えられるんです。本当にあなたを虐待しているのは、あなたなんです。あなたは、自分を低く低く置いています。だって、あなた以上にあなたを虐待したら、そこには絶対いられませんよ。耐えられないんです、人間というのは。

でも、あなたはもっと自分を虐待しているんです。だから、他人の虐待に耐えられたり、あなたに劣等感を与える人から耐えることができるんです。

だから、そういう人って原因をちゃんと突き詰めればいいんです。

うっぷん晴らしの覚せい剤を打つのはやめようよ

それからもう一つ言うと、人を怒鳴ること、ねちねち言うことをやめられない人っているんです。

それは、いつもいつもイライラしていると、「覚せい剤現象」というんだけど、覚せい剤を打つと一瞬だけふわっと気持ちよくなるけど、またしばらくすると覚せい剤を打つ。そのうちだんだん体がむしばまれていく。

それと同じように、イライライライラしていると、部下を怒鳴って弱い者をいじめる。家に帰ってきて奥さんにねちねち言う。子どもに「なぜ肘をつくんだ。なぜお箸をそうするんだ」優しく教えればいいことを怒鳴ったり、ねちねちねちねち言ったりすることで、うっぷんを晴らしている。

それって、覚せい剤を打って一時期気持ちがよくなっているだけだよね。そんな覚せい剤を打ち続けていたら体が悪くなるよ。

それと同じように、そんなことをし続けていたら、あなたのお子さんだったり、家庭だったり、あなたの部下だったり、あなたの環境を破壊しているのと同じだよ。

いつもイライライライラしている人というのは、イライラしている俺は悪い人間だ、とは絶対思いたくない。

イライラしている上に、自分は立派な人間だと思われたいから、いろんなところへ出かけていって、従業員にちょっと落ち度があると、君はこうじゃなきゃだめじゃないか、どうのこうのと正義感を振りかざす。

中にはうちの子どもは正義感が強くて、学校の先生とこういうふうにもめた、ああいうふうにもめたと言うけど、そんなに正義感が強い子があっちでもこっちでももめごとを起こすわけはないでしょう。イライラしているんだよ。そのイライラをあっちにぶつけ、こっちにぶつけているんだよね。

劣等感の強い人間が宗教を始めて、私が神だとかと言いだすと、悪徳裁判官と一緒にいるからとんでもない犯罪を犯したり、とんでもない虐殺を始める。そういう人間がひとたび独裁者になってしまうと、ヒットラーみたいにあの民族を皆殺しにするんだとか、とんでもないことを言い始める。

すべてを見抜いたとき、あなたに起きている現象が変わります。別の人生を歩めます

なぜ地球から戦争がなくならないんですか。

なぜこんな素敵な星の中で、こんなに争い事が起きるんですか。あなたを不幸にするもの、国を不幸にするもの、最大の難点、最大の敵、最大の悪魔は「劣等感」なの。それと劣等感とともに手をつないで、タッグマッチを組んでいる「悪徳裁判官」なの。

もしあなたが、今すごく苦しんでいる。私はこういう逆境から抜け出せないと言うんだったら、何回も読んでください。何回も何回も読んで、この「劣等感と悪徳裁判官」の組み合わせをじっと見詰めてください。

そうしたらいろんな人のことを見抜けるようになります。見抜けるようになった人間は顔が違います。出てくる波動が違います。前の自分とはもう別の人です。人生も別の人生を歩めます。

よく勉強してください。自分のことを見抜いてください。

自分で自分を虐待していないですか？

「そうだ、私は自分のことを取るに足りない人間だと思っていた」、「怒られながらもじっとしてなきゃいけない人間だと思っていた」。

そして、「その人間を怒り続けて、さもおまえのためだと言いながら、劣等感を晴らそうとする人間なんだ」と一つ一つ見抜いてください。

すべてを見抜いたとき、今あなたに起きている現象が変わります。

あなたから出る波動が変わればすべてが変わります。

もう知り抜いた人間と知らないでおびえていた人間は違います。

自分を愛して自分を尊重すればいいんだよ

「人から同情のエネルギーを引っ張り出す哀れみ型」

次から次と質問がくるので答えます。質問がくるたびに劣等感というものの正体が、どんどん、どんどん現れてきて、この質問で最後になるというぐらい核心をついてきています。

聞いてくれている人が、だんだん、だんだん深いほうへ、深いほうへ持って行っているんだろうと思います。だんだん正体を現してきたと思いますから、これで最後になると思います。

劣等感のタイプは二通りあると思います。わかりやすいので、怒鳴るほうがよく出ちゃってるんだけど、本当は哀れみ型、犠牲者タイプというのが多いんです。

怒鳴る人というのは独裁者タイプなんです。独裁者で、会社で威張っている人というのは下に対して独裁者なんで、「おまえのためを思ってるから言ってるんだ」とか言うけど、上の人間には一言も言えないの。下に強いのが独裁者のタイプ。

それで、もう一つのタイプというのは、被害者タイプなの。「とにかく私は親にこうやってやられてきたんです」となる。それでその人が親から離れて職場へ行くじゃない。すると職場で「私はこういういじめにあっています」となる。

それで今は就職をやめていて、今度はボランティア活動をするんです、とボランティアの方へ行くと、「ボランティアの団長さんがこういう人で、ああいう人で」と言い出す。

常に自分は被害者なんです。その被害者になることによって相手から同情というエネルギーを取っているんです。

片方は、怒鳴ることによって人からエネルギーを取っている。もう片方のほうは、ねちっと始まって、被害者を装いながら相手の同情という形で、エネルギーをずるずるずるずる引っ張り出すというか、自分がいただだいちゃうタイプがいるんです。

だから、そういう人が商売を始めると、「最近同業者が出てきてどうなのよ、こうなのよ」とか言うけど、同業者のいない商売なんかないんだよ。

だから常にそうなの、ずっと聞いていて「この人は被害者タイプだ。それで私からエネルギーを取ろうとしているんだ」とわかって、そういうのに引っ掛からないようにね。ツーパターンしかないんだから。両方とも一緒にいるとエネルギーを取られて疲れるからすぐわかるよ。

ところでこの人は何で独裁者タイプになって怒鳴っているのか。片方は何で被害者タイプでこんなことをしているのか。

劣等感の正体は「恐れ」

「劣等感の正体って何ですか」と言ったときに、その正体とは「恐れ」なんです。

人間の心というのは、人間は神が作りたもうたときは、「神の愛と光」でできているんです。

ところが、あなたを劣等感に陥れているものは恐れなんです。それで「恐れなきゃいけない、いけない」と育てられているんです。

いいですか。「はじめに言葉ありき」です。

「愛してます。ついてる。うれしい。楽しい。感謝してます。幸せ。ありがとう。許します」と、こういう言葉を言っているときは愛なんです。

ところが、

「ついてない。不平不満。愚痴。泣き言。文句。心配ごと。許せない」これらは全部恐れから出ている言葉なんです。

この世の中で、不幸な人と幸せな人って、考えたとき、お金のない人は、お金がある人が幸せなんだと思うけど、お金があってもノイローゼになっちゃっている人とか、病気になっちゃっている人とかいっぱいいるの。

いい大学に入れば幸せなんだと言うけど、いい大学に入って頭がおかしくなっちゃってる人とかいっぱいいるの。

お医者さんになれば幸せだと言うけど、ある人が病院で働いていたんだけど、お医者さんってものすごく威張るんだって。全員じゃないよ。

だけど威張る人って何ですかと言うと、劣等感の固まりなの。小さいときから「おまえ、医者になれなかったら大変だよ」とか、「あの子と比べてみてごらんなさい、あの子は成績がいいんだから」とか言われる。

成績のいい子って、必ずもっといい子と比べられているんだよ。だから劣等感をみんな持っちゃっているの。でもそれって何ですかと言ったら、恐れを植えつけられているということなの。

この地球ってこんな素晴らしい星なのに、「地獄のように生きている人と天国のように生きている人」がいるの。それは「心に恐れを持つ時間が多いか少ないか」なの。

この「恐れ」から抜け出した人は天国に行ける

テレビを見ても恐れを植えつけるようなことをいっぱい言うの。「このままでは国が破綻してしまう」、「保険はもらえなくなって、あなたどうするの」と、ただでさえお金がないのに、「けがをしたら大変だから保険に入りましょう」、「何しましょう」とすごく恐れを植えつけるようなことばかり言うの。

保険に入っちゃいけないと言っているんではないですよ。

でも「保険に入っているから安心って思った方がいいですよ」って言っているんです。

だから、おびえている人間がさらにおびえるの。そんなおびえたことを考えているんだったら、「愛してます。ついてる。うれしい。楽しい。感謝してます」と言っているほうがいいの。

この「恐れ」があなたをおかしくしちゃうの。そうすると、恐れて、恐れて、もう恐れで押しつぶされそうになる。

例えば、まんじゅうでもギューッと押しつぶすと、横からあんこが出てくるじゃない。それと同じように、怒鳴るほうに出る人と哀れみ型でねっちり出る人、それで自分はもうどうしようもないんだ、押されて、押されてどうしようもないんだ、となる。

この劣等感から逃れる方法は何かというと、むちゃくちゃ頑張って学力のほうにいくとか、それでもなかったらお金もないのにブランドものを買っちゃう。ブランドものを持っていると人が注目してくれるんだと。

自分一人では劣等感から抜け出せないけど、ブランドものを持てば人が注目してくれるんだと。それもそのうち、だんだんだんだんだん、最新型じゃないと人が注目してくれないんだと。

だから借金をしても最新型を買っちゃう人がいるんだけど、それはあなたが持っている「恐れ」だけなの。

この「恐れ」から抜け出した人は天国に行けるの。

完ぺきになる努力をしないで「よく頑張っているよな」と見てください

神様が、この地球で学びなさいと言っていることは、たった一つなの。

いいですか、最後の核心はむちゃくちゃ簡単だから。

あなたは自分を尊重してください。自分を愛して、自分を尊重すればいいんです。尊重できない理由はたった一つなんです、あなたが完ぺき主義者だからなんです。

人間は完ぺきじゃないんです。完ぺきじゃないからあなたは、いろいろなことが完ぺきにできなくていいんです。

親からもこう言われて、ああ言われて。親も完ぺきじゃないんです。あなたも完ぺきじゃないんです。

それで完ぺきじゃないあなたが、完ぺきになる努力をしちゃダメなんです。

「自分って能力や何かも大してないのに、よくこれだけ頑張っているよな」

とか、

「偉いよな」

と思えばいいんです。

みんながみんなのことを尊重したとき、たちまち地球が天国になる

「恐れ」や、「劣等感」が「戦争」を起こすんだよ

人を見ても、「あなた偉いよね」と言ってください。いちいち人のことを心配するのはやめてください。いちいち腹を立てないでください。あの人はああだとかこうだとかではなく、「よく頑張っているよな」と、見てください。

官僚が悪い、政治が悪いじゃなくて、「政治家もよく頑張ってい

るよな」、別におれがやったからって、そんなにあの人たちより立派にできるわけではないの。

みんながみんなのことを尊重したとき、たちまち地球が天国になる。

だって「心配」とは「恐れ」から出る言葉なの。

「尊敬」とか「尊重」というのは、「愛」からしか出ないの。恐れを生み出すもの、恐れが出てきたとき、全部それをつぶしちゃえばいいの。その癖をつければいいの。恐れって勝手に出てくるの。

恐れが出てきたら、「ついてる、ついてる」と言っちゃうとか、自分のことを劣等感が出てきそうになったら、「しかし自分はよく頑張ってるよな」とか、「いや、おれは自分のことを尊重して尊敬してるんだよ」とか。

だから自分より上の人間を見たらますます尊重するし、今頑張っている未熟な人間を見ると、「あの魂やなんかも、あと五代とか十代したら、素晴らしいものになるんだろうな、素晴らしい魂になるんだろうな」とか、尊重するの。

だから子どものことも、「おまえのことが心配でさ」というのは恐れなの。何かしでかすんじゃないか、食っていけなくなるんじゃないか心配なんだよね。

そうじゃないの。

「お母さんは、あんたのこと信じてるからね」

「あんたなら大丈夫だよ」

「だってお母さんなんか、こんな未熟だってこれだけやれたんだもん、だからお母さんは自分のこと大好きだよ」と。

「大好きなお母さんが生んだ子なんだから、私はあんたのこと大好きだよ」と。

その言葉には恐れがないの。

劣等感とは恐れの連鎖なの。

恐れが、劣等感が、戦争を起こすんだよ。

戦争のとき、日本もこういうとおかしいけど、「満鉄を失ったら日本は終わりなんだ」と洗脳したんだよね。だけど今は満鉄はないよね。満州もないし、日本は植民地も何もないよね。でも日本は世界で一番ぐらい発展しているよね。

ということは「恐れ」とは「うそ」なんだよ。「妄想」なの。この妄想にだまされちゃダメだよ。

自分を愛すれば、自分が変わるの

それで「恐れ」より「愛」のほうが多い時間を作ればいいの。愛なんか出す必要はないの。もともと人は愛の塊なの。愛をなくさせているのは恐れなの。それで恐れから出る言葉が地獄言葉なの。

私たちが「地獄言葉、天国言葉」と一生懸命やっているのは、地獄言葉を言いそうになったとき、天国言葉を言うと恐れが消えちゃうから。

「恐れ」とは「闇」と同じなの。電気を付けたら消えちゃうの。それで闇にしておくと、恐怖もまたわいてくるの。

夜になると闇がくるのと同じように、あなたの心にも闇が出てくるの。出てきたらすぐ明かりを付ける、天国言葉を言えばいいの。

自分に対して「自分を尊重して、尊敬しているよ」と言えばいいの。たったこのことで全部変わっちゃうの。

だって怒鳴っている人を見て、この人は怒っているんじゃなくて恐れているんだという目で見たら、見方が変わっちゃうの。

いつも泣き言を言っている人は、「あんた何を恐れているの。悲しいんじゃなくて、恐れてるの」と見抜かれたら、明かりを照らされたらその人はいられないの。消えていくの。それで治っちゃうしかないの。

自分のことをそのまま尊重しな。そうしたらどんどん変わっていくの。変わってから自分を愛するんじゃないんだよ。愛すれば変わるの。

恐れより愛を出してください

それで「尊重するってどうするんですか？」ってことですが、四六時中言えばいいの。

キリストが言っている「はじめに言葉ありき」なの。

「私は自分のことを尊重しているし、尊敬してるんだ。みんなのこともすごい尊重しているし、尊敬しているんだよ」と。それで尊重し尊敬したら、いろんな行いが変わってくる。

はじめに言葉なんだよ。

だからたった一つ。自分は自分のことを尊重しているし、尊敬しているんだって。

それでもうやめな。人を怒鳴って人からエネルギーを取ること、人に哀れみをこうて、人の心からエネルギーを取ること。これをやめな。

もうそんな必要はないの。それ自体が地獄なんだよ。ないものを奪い合っているって地獄だよ。そんな地獄のような生活をしちゃいけない。

ここは神が天国として作った最高にきれいな星なの。歌があり、水があり、それから緑があって花があるの。こんなすごい所、素晴らしい所に生まれて、なぜ地獄のように生きるんですか。

誰があなたに最初に恐れを植えつけたんですか。

恐竜が出るわけじゃない、街にライオンが出るわけじゃない。こんな素晴らしい星にしたのに、なぜずっと代々、代々、あなたの家はあなたに恐怖を植え続けるんですか。

なぜテレビでも何でも、恐怖ばかり植えつけるんですか。

日本は世界で一番豊かな国なんだよ。それなのに、なぜこんなに苦しいんですか。なぜですか。

寄ればさわればみんなで恐怖体験を話し合っているんでしょう。恐怖なんてたまにオカルトのお化けの話でもしていれば楽しくていい。

それよりなぜ自分をそんなにいじめるんですか。あなたは自分をいじめているんだよ。

威張っている人も、あなたは本当は自分をいじめているんだよ。

何を恐れているんですか。

恐れより愛を出してください。

愛を出すのには、天国言葉を言えばいいんです。

そしてたった一つ。大本の自分を私は尊重しているし、尊敬しているんだと。

「私、試験や何かって本当にできなかったのに、社会へ出たら何とか生きてるんだよね、すごいよね」と。

誰が何と言っても神様はあなたをずっと認めています

ほめる気になればいくらでもほめられる。けなす気になればいくらでもけなせるの。

自分をけなして生きたら地獄だよ。「自分のあら」を探す人は必ず「人のあら」を探すよ。

まず自分だよ。

まず自分が「私は、私を尊敬しています。尊重しています」だよ。
世間は反対のことを言っているの。自分を落として人を立ててい
る人間は立派だとかと言う。
それから自分をちょっと尊重して、尊敬しているとかいうと、
「あんたナルシスト?」とかくだらないことばかり言う。人が幸せ
になる邪魔をするんだよ。
代々、代々、ずっとこれを続けるんですか。
幸せになってください。
私も未熟だけど、私は私で、あなたを一生懸命尊重し尊敬してい
ます。そうしたらやれることもこうやって出てきました。
みんなもエネルギーを恐れに使わないでください。たった一回の

人生を地獄として、ここを生きないでください。

誰が何と言っても、一人さんはあなたを認めているし、神様はあなたをずっと認めています。

そのことだけ忘れないでください。

長い話ですが、終わりました。

ありがとうございます。

最後の神様

本当の「死神」は天使

長い長い話になってしまいました。

「地球が天国になる話」最後まで聞いていただきまして、ありがとうございます。

私からのささやかなお礼として、「最後の神様」という話をします。皆さん聞いてください。

今から絶対に信じられないような不思議な話をします。非常に信じられない話ですけど、聞いてください。

「死神」というのがいます。この死神というのは、なぜ「神」という字が付いてるのだろう、という話なんです。

皆さんが思っているような、薄汚れた着物を着たり手にかまを持っていたり、あれは本当の死神ではありません。あれは妖怪とか、もののけとか悪魔とか、そういうのと一緒にしてます。

本当の死神というのは神様なんです。ひとつの天使と言ってもいいです。

引きずっている過去から切り離してくれるのが、最後の神様

なぜかというと、人間は過去を引きずって生きています。小さいとき失敗した、親に怒られた、いろんなことを引きずって生きています。その引きずっている過去から切り離してくれるのが、実は最後の神様なんです。

これはどういうことですかというと、例えばあなたが、「一カ月の命だ」「今日一日の命ですよ」と言われたとします。

もし今日一日の命だとしたら、「行きたいところへ行こう」それから愛する人に「お世話になりました」と言おうとか、そういうこ

とになります。死ということを考えると。

親もずっと生きていると思うんじゃなくて、いつ死んじゃうかわからないと思うと、「ご飯のひとつも食べさせたいな」「おすしでも食べさせたいな」「あんな貧しい中から自分のことをよく育ててくれたな」とか、いろんなことを思います。

それと、私は仕事をしていて、いつも死というものを考えます。ひとたび死というものに会うと、どんな会社をつくり、どんな財産をつくり、どんなに土地を持っても一瞬にしてなくなります。

そうすると、人間って何をするべきなんだろう。

ただ、ただ、死を恐れるんじゃなくて、死というものがあるんだと考えただけで、そんなにごうつくばりみたいなことしなくたっていいんだ、今、幸せじゃないかと、本当にこういう話をしたほうがいいんじゃないか、それから、人が喜ぶ講演会でもやったほうがいいんじゃないか、と思います。

人は死というものを恐れて、毛嫌いして生きてたけど、それは悪魔がそう思わせるんです。死神が取りついて自殺しちゃったとかというのもあるけど、それは寿命が来る前に勝手に死んだ人に取りつく「もののけ」か「悪魔」です。

死を考えるときに、人はまともに愛の道に戻れる

昔、こういう外国の映画がありました。私も小さいときでよく覚

えてないんだけど、ああ、この物語を作った人はよくわかってるなと思ったことがあります。

それは、あるおばあさんが、もう年老いちゃったんだけど、死神が来るのを恐れて、入り口という入り口に、死神が入れないようなおまじないをしていた。

ただ、ただ、年取って顔が恐怖に震えていたとき、一人の旅の青年が来て、コンコンと戸をたたいた。その青年がものすごく優しくて、「一晩だけ泊めてください」って。

その人を見て安心して中に入れたら、

「おばあさん、もう頑張らなくていいんですよ。大変だったですね。私と一緒に行きましょう」って言って、優しくその神様に抱かれるようにして死んでいったの。

人は、死んでまた生まれ変わり、何度も生まれ変わりするものだから、その迎えに来てくれる死というのを、怖いものだ怖いものだと思わせようとするのは悪魔の仕業なの。

それより、もしかしたら自分もいつ死ぬかわからない。そして相手も、目の前にいる人も、いつ死ぬかわからない。

でも、いらいらしてガガガッと「おまえなんか大嫌いだ」と、ほんとは愛してる人に言っちゃうこともあるの。

でも、そのまま相手が死んじゃったら、あいつに何てことを言ったんだろうって。逆に言うと、自分が死んじゃったら、自分はすごく子どもやなんかを愛したのに、「ほんとはおまえなんか大嫌いだ」

って言っちゃった。その日に自分が死んじゃったら、自分は何て思うだろう。

そういうことを考えただけで、人はまともに愛の道に戻れるの。

人は何度も生まれ変わるから死を恐れることはない

だから、死というものに「神」という字がついてるというのは、ちゃんとした神なんであって、あなたたちが思ってる死神は「もののけ」だよ。本当はそういうものじゃないの。もっと優しくて、迎えに来てくれて、人間が迷わないようにしてくれるもっと優しいものなの。

死という「ふるさと」に連れていってくれるための道先案内人なの。

その死ということを思っただけで、人は過去の嫌なことなんか考えてる必要もないし、考えられないの。もうやることがちゃんと見えてくるの。悪魔が、死というのを怖がらせ、思い出させないようにしているの。

あなたたちは悪魔を神だと思い、神を悪魔のように思っている。だから不幸が続くんだよ。

わかりづらいです。千人に一人、一万人に一人、それすらわからないかもしれないの。でも本当に逆さにものを考えてる。

人は何度も何度も生まれ変わります。だから死なんか恐れることないし、死を恐れることがないんだとしたら、死ぬときに迎えに来てくれるその人も恐れることはないんです。

死を恐れないというのは、むちゃくちゃに、暴走族になれとか戦争しろとかって言ってるんじゃないんだよ。ちゃんと生きてちゃんと迎えに来てくれる。まともな話をしてるの。

今言った話が、万人に一人でもわかってくれるとうれしいです。

以上です。

死神は「一緒に行こうね」って連れていってくれる最高の天使

今の話で、「ちょっとわかりづらいんですけど」と、質問があったのでそれに答えます。悪魔を神だと思い、神を悪魔だと思ってるという言葉があるんですけど、それがわかりづらいというので、ちょっとそのことを説明します。

みんなが思ってる死神というのは、浮遊霊とか悪魔とか妖怪とか、そういうのをみんなが死神だと思ってるんだよね。

だけど、最後にあなたを死の世界へ連れていってくれる人というのは、あんなに恐ろしいんじゃなくて、もっと美しくて本当にきれいな輝きがあって、そういう人が出てきて「一緒に行こうね」って連れていってくれるんですよね。

最後に出てくる「最高の神」であり、「最高の天使」なんです。だからそれは違うよ、ということです。

死という天使はあなたの心の中に変化を起こさせてくれる

それと、最後に出てくる天使を思い出すと、たとえ話なんですけど、この前、こういう人がいたんです。

「私は親に対して、ついついこういうことを言っちゃうんだとか、言った後からなんであんなことを言っちゃったのかなって反省するんだけど、ついつい言っちゃうんだよね」という人がいたんです。

それは死というものを完全に受け入れていないからなんだよ。

だってあなたは、親なんかなかなか死なないと思ってるし、自分も死なないと思ってるから、そういうことが言えるけど、本当にお母さんはもう年だから、明日死んじゃうかもわからないし、あと一週間の命かもわからない。そうしたら、そんなことがパッと言えるわけがないんだよね。だって本当は愛してるんだよね。

だから、自分もあした死んじゃうかもわからないんだ。このお母さんもあした死んじゃうかもわからないんだって言ったら、やっぱり本当に心の中から愛のある言葉がスッと出るよね。

だから、そうやってフッと死の天使を思い出しただけでも、心から正しい愛情が出てくるよね、ということを言ってるんです。

それと、例えば、死ぬまで親が許せない、父親が許せなかったという人もいるんです。だけど本当にその父親が亡くなって何年もしてくると、だんだん許せるようになったり、ああいういいところもあったよな、と一つもいいところがないと思ってた父親のいいところをポツンと思い出したり。

これも、死という天使があなたの心の中に変化を起こさせてくれたんです。

それから、こういう話の中に急に暴走族の話なんか出てきて、「あれって何ですか?」というのは、暴走族って暴走行為をするとちょっとひっくり返っただけで死んじゃったりする人がいっぱいいるんです。

死を恐れないというのと、命を無駄にするというのは全然違う意味なんだよ。

大切な大切な命なんだから、この大切な命をちゃんと全《まっと》うしなくちゃいけないよ。

それで、全うしたときに最後に出てきて、迷わないようにちゃんと連れていってくれる最高に美しい神様のことを、ああいう、かまを持ったような悪魔のような形で、表現したり表したりするのはいけないよね、それは違うと思うよ、ということを話してます。

神様は全員が嫌がり全員が困るようなことをしないんだよ

もう一つだけ追伸があるので、ちょっと話をさせてください。人は等しく皆死にます。誰でもです。逃れることは絶対にできません。死というものは神が与えたものだから、誰も逃れることができないんです。

そうすると、神様ってそんなに嫌なこと、そんなに大変なことを全員に与えるんだろうか。

そんなことは絶対にないんです。人間って何回も何回も生まれ変わり成長していきます。魂の成長が止まることもあります。体がボロボロになってしまうこともあります。古くなってしまうこともあります。いろんな事情があって人は死んでいきます。

死というものをそんなに嫌なものととらえる必要はないんです。そして必ず、死ぬときは死ぬときで、ちゃんと美しい人が迎えに来てくれるから、そんなに嫌なことじゃないんだよ。それから、神様は、全員が嫌がり、全員が困るようなことをしないんだよ。

そのことがわかれば、この話を通して聞いてもらうと、ああ、そうなんだよね、ということがわかりやすくなると思います。

以上です。

終りに

私は日本という国が世界で一番経済的に豊かだと言われながら、「なんでこんなに悩み苦しみ不幸な人が多いんだろう。それは経済的な問題ではなく、自分の中にある劣等感という悪魔がみんなを不幸にしているのだ」と考えています。

私以外にも、何とかこの劣等感から苦しんでいる人を救い出そうとしてがんばっている方がたくさんいます。

例えば、

加藤諦三先生

『自分を嫌うな』三笠書房（￥５２０）
加藤諦三先生は、
劣等感で苦しんでいる人を一人でも多く救おうと、真剣に考えている方です。
この本を読んでもらうと先生のすばらしい人柄もわかっていただけると思います。

ドン・ミゲル・ルイス先生
『愛の選択』（￥１４７０）
『四つの約束』共にコスモスライブラリー（￥１２６０）

など、心の問題を研究し発表をされている方がいます。
そういう方の本もぜひ読まれて、たった一度の人生を地獄のように生きないで、天国のように幸せに生きられるように心から願っています。

この本を読んでくれた
あなたにすべてのよきことが
雪崩のごとく起きます。

斎藤一人

楽しくなる言葉

地獄言葉

ついてない

不平不満

グチ・泣きごと

悪口・文句

心配ごと

ゆるせない

こういう言葉を言っていると、
もう一度こういう言葉を言ってしまうような、
イヤなことが起きます！

家庭も職場も明るく

天国言葉

愛してます

ついてる

うれしい・楽しい

感謝してます

しあわせ

ありがとう

ゆるします

**こういう言葉をたくさん言っていると、
また言いたくなるような、
しあわせなことがたくさん起きます！**

さいとうひとり公式ブログ

http://saitou-hitori.jugem.jp/
一人さんが毎日、あなたのために、
ついてる言葉を日替わりで載せてくれています。
ときには一人さんからのメッセージもありますので、
ぜひ、遊びに来てください。

お弟子さんたちの楽しい会

◆斎藤一人 一番弟子——柴村恵美子
恵美子社長のブログ
http://ameblo.jp/tuiteru-emiko/
恵美子社長のツイッター
http://twitter.com/shibamura_emiko
PCサイト　http://shibamuraemiko.com/

◆斎藤一人　ふとどきふらちな女神さま
——舛岡はなゑ
http://ameblo.jp/tsuki-4978/

◆斎藤一人　みっちゃん先生公式ブログ
——みっちゃん先生
http://mitchansensei.jugem.jp/

◆斎藤一人　芸能人より目立つ!!
365日モテモテ♡コーディネート♪——宮本真由美
http://ameblo.jp/mm4900/

◆斎藤一人　おもしろおかしく♪だから仲良く☆
——千葉純一
http://ameblo.jp/chiba4900/

◆斎藤一人　のぶちゃんの絵日記
——宇野信行
http://ameblo.jp/nobuyuki4499/

◆斎藤一人　感謝のブログ　４匹の猫と友に
——遠藤忠夫
http://ameblo.jp/ukon-azuki/

◆斎藤一人　今日一日、奉仕のつもりで働く会
——芦川勝代
http://www.maachan.com/

４９《よく》なる参りのすすめ

４９なる参りとは、指定した４カ所を９回お参りすることです。お参りできる時間は朝10時から夕方５時までです。

◎１カ所目……ひとりさんファンクラブ　五社参り
◎２カ所目……たかつりえカウンセリングルーム　千手観音参り
◎３カ所目……オフィスはなゑ　七福神参り
◎４カ所目……新小岩香取神社と玉垣参り
（玉垣とは神社の周りの垣のことです）

ひとりさんファンクラブで４９なる参りのカードと地図を無料でもらえます。お参りすると１カ所につきハンコを１つ押してもらえます（無料）。

※新小岩香取神社ではハンコはご用意していませんので、お参りが終わったらひとりさんファンクラブで「ひとり」のハンコを押してもらってくださいね!!

ひとりさんファンクラブ

住　所：〒124-0024　東京都葛飾区新小岩1-54-5
ルミエール商店街アーケード内
営　業：朝10時～夜7時まで。
年中無休電話：03-3654-4949

各地のひとりさんスポット

ひとりさん観音：瑞宝山　総林寺
住　所：北海道河東郡上士幌町字上士幌東4線247番地
電　話：01564-2-2523

ついてる鳥居：最上三十三観音第二番　山寺千手院
住　所：山形県山形市大字山寺4753
電　話：023-695-2845

観音様までの楽しいマップ

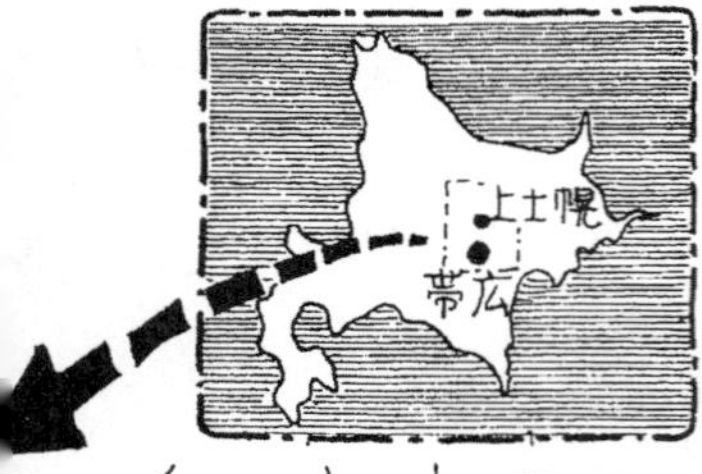

① 愛国←→幸福駅

『愛の国から幸福へ』この切符を手にすると幸せを手にするといわれスゴイ人気です。ここでとれるじゃがいも野菜・etcは幸せを呼ぶ食物かも！特にとうもろこしのとれる季節には、もぎたてをその場で茹でて売っていることもあり、あまりのおいしさに幸せを感じちゃいます。

② 十勝ワイン（池田駅）

ひとりさんは、ワイン通といわれています そのひとりさんが大好きな十勝ワインを売っている十勝ワイン城があります

★十勝はあずきが有名で『赤い宝石』と呼ばれています。

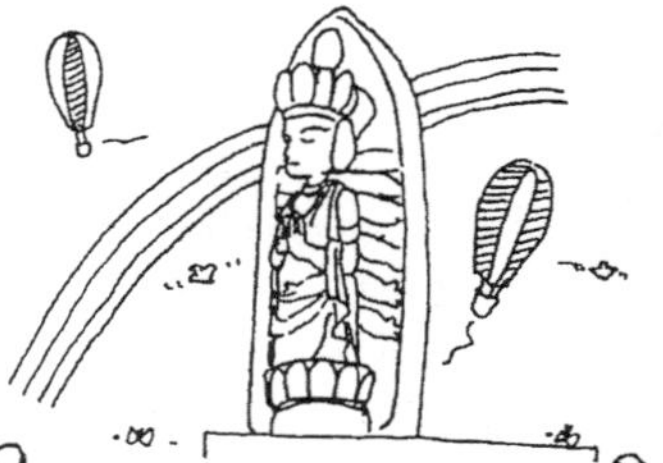

★観音様

ひとりさんの寄付により、夜になるとライトアップして、観音様がオレンジ色に浮かびあがり、幻想的です。

この観音様は、一人さんの弟子の1人である柴村恵美子さんが建立しました。

③ 上士幌

上士幌町は柴村恵美子が生まれた町。そしてバルーンの町で有名です。8月上旬になると、全国からバルーンミストが大集合。様々な競技に腕を競い合います。体験試乗もできます。ひとりさんが安全に楽しく気球に乗れるようにと願いを込めて観音様の手に気球をのせています。

④ ナイタイ高原

ナイタイ高原は、日本一広く大きい牧場です。牛や馬、そして羊もたくさんいちゃうのヨ。そこから見渡す景色は雄大で感動!!の一言です。ひとりさんも好きなこの場所は行ってみる価置あり。

牧場の一番てっぺんにはロッジがあります（レストラン有）。そこで、ジンギスカン焼肉・バーベキューをしながらビールを飲むとオイシイヨ！とってもハッピーになれちゃいます。それにソフトクリームがメチャオイシイ。2ケはいけちゃいますヨ。

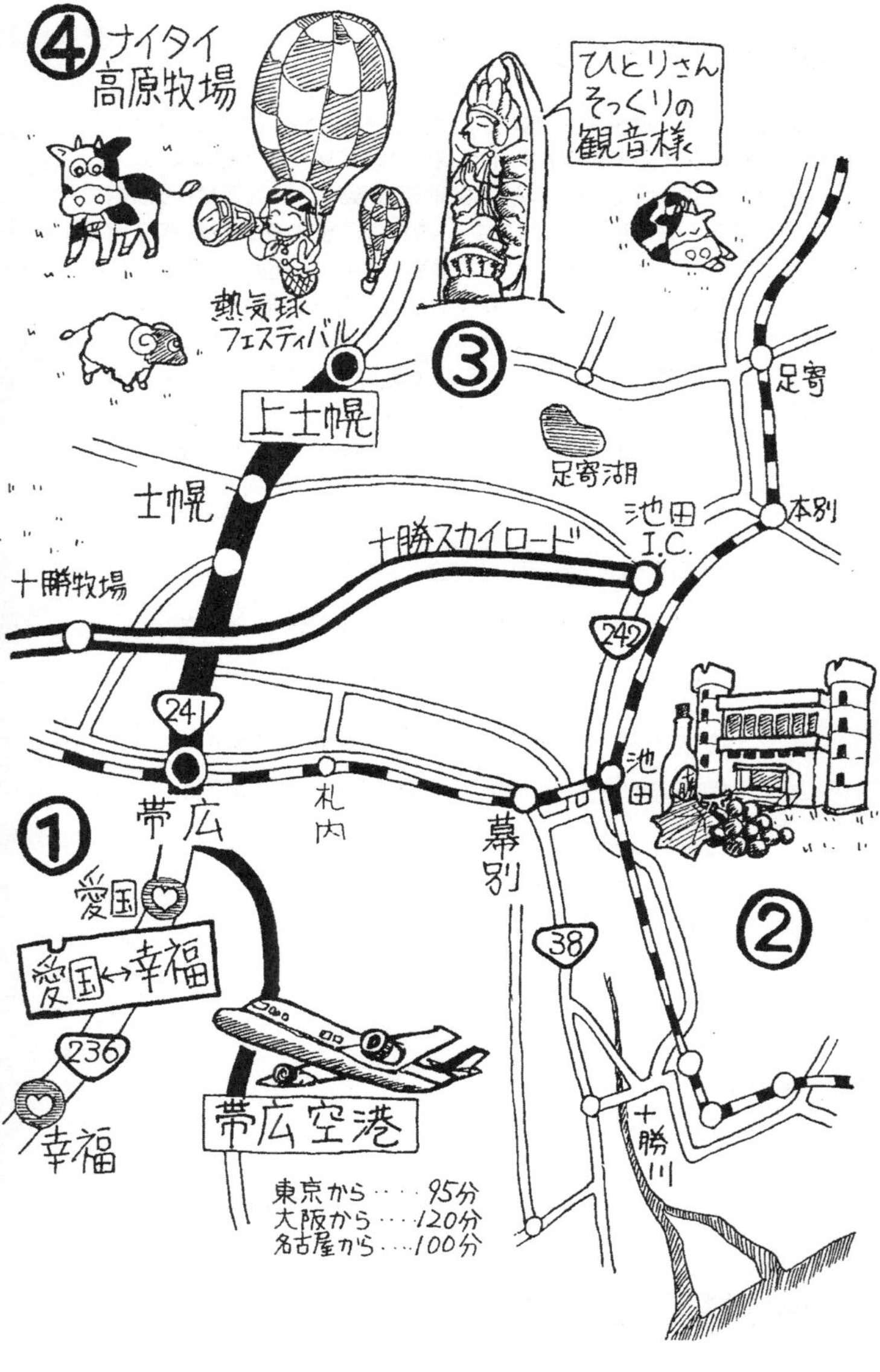
④ナイタイ高原牧場
熱気球フェスティバル
ひとりさんそっくりの観音様
③
上士幌
足寄
足寄湖
士幌
池田I.C.
本別
十勝スカイロード
十勝牧場
242
241
池田
帯広
札内
幕別
①
愛国
愛国↔幸福
②
38
236
幸福
帯広空港
十勝川
東京から……95分
大阪から……120分
名古屋から……100分

斎藤一人さんのプロフィール

東京都生まれ。実業家・著述家。ダイエット食品「スリムドカン」などのヒット商品で知られる化粧品・健康食品会社「銀座まるかん」の創設者。1993年以来、全国高額納税者番付12年間連続6位以内にランクインし、2003年には日本一になる。土地売買や株式公開などによる高額納税者が多い中、事業所得だけで多額の納税をしている人物として注目を集めた。高額納税者の発表が取りやめになった今でも、着実に業績を上げている。また、著述家としても「心の楽しさと経済的豊かさを両立させる」ための本を多数出版している。『変な人の書いた世の中のしくみ』『眼力』（ともにサンマーク出版）、『強運』『人生に成功したい人が読む本』（ともにPHP研究所）、『幸せの道』（ロングセラーズ）など著書は多数。

1993年分——第4位	1999年分——第5位
1994年分——第5位	2000年分——第5位
1995年分——第3位	2001年分——第6位
1996年分——第3位	2002年分——第2位
1997年分——第1位	2003年分——第1位
1998年分——第3位	2004年分——第4位

〈編集部注〉

読者の皆さまから、「一人さんの手がけた商品を取り扱いたいが、どこに資料請求していいかわかりません」という問合せが多数寄せられていますので、以下の資料請求先をお知らせしておきます。

フリーダイヤル 0120-497-285

本書は平成二四年七月に弊社で出版した
書籍を改訂したものです。

最新版

地球が天国になる話

著　者　　斎藤一人
発行者　　真船美保子
発行所　　KK ロングセラーズ
　　　　　東京都新宿区高田馬場 2-1-2　〒 169-0075
　　　　　電話（03）3204-5161（代）　振替 00120-7-145737
　　　　　http://www.kklong.co.jp

印　刷　　大日本印刷（株）　製　本　（株）難波製本
落丁・乱丁はお取り替えいたします。
※定価と発行日はカバーに表示してあります。

ISBN978-4-8454-5060-2　C0230　Printed In Japan 2018